DANTE GABRIEL ROSSETTI
ET LA VOLUPTÉ FÉMININE

— Le héros
du préraphaélisme

par Anne-Sophie Lesage

50MINUTES

Avec la collaboration d'Angélique Demur

DANTE GABRIEL ROSSETTI

- **Naissance ?** Né le 12 mai 1828 à Londres.
- **Mort ?** Décédé le 9 avril 1882 à Birchington-on-Sea (Kent).
- **Contexte ?** La période victorienne et le mouvement préraphaé-
  lite anglais.
- **Œuvres majeures ?**
  - *L'Enfance de la Vierge Marie* (1849)
  - *Ecce Ancilla Domini !* ou *L'Annonciation* (1849-1850)
  - *Bocca Baciata* (1859)
  - *Dantis Amor* (1860)
  - *Beata Beatrix* (vers 1864-1870)
  - *Proserpine* (1874)

Personnalité fantasque au tempérament aussi passionné en amour qu'en amitié, Dante Gabriel Rossetti est une figure centrale de l'art victorien et du mouvement préraphaélite. Celui-ci émerge au XIX\ :sup:`e` siècle en Angleterre, où il se développe principalement entre 1850 et 1880, jusqu'à l'avènement du symbolisme puis de l'Art nouveau.

Né du rejet de l'enseignement académique, le préraphaélisme prône un retour aux valeurs de l'art du Moyen Âge et de la première Renaissance, ainsi que l'observation de la nature, dans un siècle marqué par les ten-sions nationalistes, la course à l'industrialisation et les revendications sociales. Au sein de la société victorienne de l'époque, caractérisée par des règles morales très strictes, les mœurs libres de ces jeunes artistes contestataires dérangent tout autant que leur peinture avant-gardiste. Les gardiens de la tradition académique les perçoivent comme une menace, à juste titre puisque la Confrérie préraphaélite, fondée en 1848, verra tous ses membres accéder à la célébrité et à la reconnais-sance en imposant un renouvellement de l'art britannique.

Rossetti, à la fois poète et peintre, bénéficie tout au long de sa vie d'une aura particulière au sein du mouvement, s'entourant d'élèves et de collaborateurs toujours plus admiratifs de son œuvre et de son génie. De l'aquarelle à la poésie, de la fresque aux arts décoratifs, l'artiste explore tous les domaines de la création et élabore un style personnel alliant le réalisme des sentiments à la beauté surnaturelle des formes.

MODERNITÉS VICTORIENNES

Âge du chemin de fer, du libre-échange, de l'industrialisation et des mutations sociales, le XIXe siècle est sans conteste dominé par la puissance économique et coloniale de l'empire britannique. L'ère victorienne (1837-1901), qui coïncide avec le règne de la reine Victoria (1819-1901), correspond à l'apogée de la révolution industrielle en Grande-Bretagne. Elle en connaît toutes les avancées et tous les maux, depuis le progrès technique et le développement du libéralisme jusqu'à la ségrégation sociale et les révoltes à partir des années 1830. Et si le pays ne cède pas à la ferveur des révolutions continentales qui enflamment l'année 1848 (le « Printemps des peuples »), il est cependant le foyer d'une agitation politique et sociale intense qui connaît un grand écho dans le domaine des arts.

L'avènement du monde moderne, allié à la permanence d'une tradition classique impuissante à engendrer un art proprement national conduit à l'émergence de nombreux mouvements de réforme artistique. L'architecture et les arts décoratifs témoignent tout particulièrement de cette quête de renouveau qui mène, dans les années 1820 à 1840, à l'émergence du *Greek Revival* puis du *Gothic Revival*, des courants dans lesquels les emprunts aux styles antiques et médiévaux visent à revitaliser la création.

Au-delà de sa quête formelle, le mouvement de renouveau gothique ravive le souvenir d'une société tenue pour exemplaire, idéalement façonnée par le libre essor des arts, la sincérité du sentiment religieux et la fraternité entre les hommes. Archaïsme et idéalisation permettent aux artistes de célébrer la grandeur britannique tout en proposant une alternative à la société industrialisée.

L'ÉPUISEMENT DE LA TRADITION ACADÉMIQUE

Ne se nourrissant plus seulement des tendances venues du continent, de France, d'Italie ou de Hollande, l'école de peinture anglaise se constitue véritablement au XVIIᵉ siècle autour de figures fondatrices telles que Thomas Gainsborough (1727-1788) ou John Constable (1776-1837). Elle se dote en outre, en 1768, d'une instance officielle, la Royal Academy of Arts, chargée de promouvoir les arts britanniques à travers un enseignement pratique et théorique. Son premier président, le peintre Sir Joshua Reynolds (1723-1792), détermine pour plusieurs décennies son orientation : il soutient un art fondé sur la tradition héritée de la Renaissance. Il affirme notamment la supériorité de la peinture d'histoire, la nécessité de l'étude des maîtres, en particulier de Michel-Ange (1475-1564) et de Raphaël (1483-1520), ou encore le prima des règles objectives de la représentation.

Mais, au tournant des années 1830, le style officiel sombre dans le conformisme, les artistes répétant à l'envi et sans imagination les formules et sujets académiques. La virtuosité prend alors le pas sur le génie. En outre, le goût de la bourgeoisie émergente pour les scènes de genre et le sentimentalisme n'en finit plus de contraindre la production artistique.

Fer de lance de la renaissance architecturale, le célèbre écrivain et critique d'art John Ruskin (1819-1900) devient également le principal théoricien du nécessaire renouvellement de la peinture britannique. Nourri d'une vision fortement moraliste de l'art et convaincu de son rôle social, il aspire à plus de sincérité dans la représentation et exhorte les artistes à imiter directement la nature plutôt que les grands maîtres et leurs artifices.

DE L'ARCHAÏSME À L'AVANT-GARDE

Énonçant ses ambitions dans son essai *Modern Painters* (publié en six volumes entre 1843 et 1860), Ruskin développe aussi un goût nouveau pour la peinture des primitifs et s'attache à diffuser le style des Nazaréens. En marge de la fièvre romantique et du réalisme triomphant, ce groupe d'artistes d'origine allemande installés en Italie cherche à renouer avec les techniques et les principes des prédécesseurs de Raphaël, développant un style sévère et hautement spirituel. Cette nouvelle orientation artistique est relayée en Angleterre par des peintres comme Ford Madox Brown (1821-1893) qui, dès 1846, prend en charge la formation de Dante Gabriel Rossetti et l'encouragera dans ses recherches esthétiques.

Le retour à la nature et à l'enseignement des maîtres anciens s'impose donc, dès les années 1840, comme une solution à l'essoufflement de l'art britannique. Les modèles médiévaux ainsi que le style des primitifs italiens ou flamands offrent alors une source unique de renouvellement, tant par la noblesse de leurs sujets que par l'authenticité de leurs effets ou encore par l'émotion religieuse qu'ils véhiculent.

C'est dans ce contexte que, radicalement hostile à l'Académie, Dante Gabriel Rossetti prend part à la constitution du mouvement qualifié de « préraphaélite » dont il devient l'un des principaux représentants. Les fondateurs de la *Pre-Raphaelite Brotherhood* (la Confrérie préraphaélite), créée en 1848, en quête de modernité et nourris d'élans révolutionnaires, rejettent le formalisme idéaliste des suiveurs de Raphaël, lui préférant le réalisme archaïsant des primitifs, susceptible de rendre à l'art britannique toute sa spiritualité et sa grandeur.

Quant au réalisme, il se caractérise par la volonté de représenter la nature telle qu'elle apparaît et par des sujets appartenant à la vie quotidienne ou reflétant la réalité sociale contemporaine. Né en France sous l'impulsion de Gustave Courbet (1819-1877), ce mouvement se développe quant à lui tout au long de la seconde moitié du XIXe siècle.

BIOGRAPHIE

DE LA ROYAL ACADEMY À LA FONDATION DU PRÉRAPHAÉLISME

Fils aîné d'un professeur de littérature italienne réfugié politique, Dante Gabriel Rossetti naît à Londres le 12 mai 1828. Ambitionnant une carrière à la fois littéraire et artistique, il entre en apprentissage à l'École de dessin d'Henri Sass en 1841, avant d'intégrer la Royal Academy en 1845. Séduit par les innovations esthétiques de Ford Madox Brown, il devient brièvement son élève et finit par quitter l'Académie en 1847, décidé à renouveler un art officiel qu'il juge sans saveur.

En septembre 1848, Rossetti participe à la fondation du groupe préraphaélite qui réunit, entre autres, les peintres William Holman Hunt (1827-1910) et John Everett Millais (1829-1896), le sculpteur Thomas Woolner (1825-1892), mais également son propre frère, le critique d'art William Michael Rossetti (1829-1919). Ce courant d'avant-garde prend pour emblèmes les célèbres initiales « PRB » (*Pre-Raphaelite Brotherhood*, soit la Confrérie préraphaélite), que le public découvre pour la première fois en 1849 sur une toile de Rossetti exposée à la Free Exhibition de Londres : *L'Enfance de la Vierge Marie*. Il s'agit là de la première œuvre de l'artiste à matérialiser les principes du préraphaélisme.

ENTRE NOTORIÉTÉ ET SCANDALES

Les premières expositions des préraphaélites leur apportent la notoriété, mais créent également le scandale en raison du traitement jugé trop réaliste des sujets religieux. Dès 1850, fatigué des attaques, Rossetti décide de ne plus exposer ses toiles et s'éloigne de l'engouement de ses confrères pour les sujets contemporains et l'art du paysage. Fasciné par le Moyen Âge, il développe un art littéraire inspiré de l'univers chevaleresque et pratique l'art de l'aquarelle et du petit format, comme l'illustre notamment *Le Placard bleu* (1857). Il est encouragé dans ses choix esthétiques par son épouse, Elizabeth Siddal, rencontrée quelques années plus tôt et elle-même illustratrice. Dans le courant de l'année 1853, les divergences artistiques des membres du groupe mettent un terme à la Confrérie et Rossetti poursuit une carrière autonome.

En 1854, après un voyage initiatique en France et en Italie, Rossetti, de retour à Londres, fait la rencontre de John Ruskin, qui s'attache à défendre l'esthétique préraphaélite face aux attaques de l'Académie. La même année, il devient pour quelque temps professeur de portrait et d'aquarelle au Working Men's College, une école d'art contemporain anglais récemment créée pour renouveler l'enseignement artistique et l'artisanat britanniques.

Devenant le mentor d'Edward Burne-Jones (1833-1898) et de William Morris (1834-1896), l'artiste travaille à leurs côtés à de nombreux projets de décoration tels que la réalisation de fresques dans la bibliothèque de l'Oxford Union, achevées en 1857.

L'HEURE DES EXCENTRICITÉS

Elizabeth Siddal, qui a inspiré à Millais sa célèbre *Ophélie* (1851-1852), meurt tragiquement en 1862 d'une overdose de laudanum. L'artiste, privé de sa muse, s'installe chez son frère, à Chayne Walk, dans Chelsea, où il s'entoure de personnalités excentriques et bohêmes telles que le poète Algernon Swinburne (1837-1909), dont les écrits sulfureux scandalisent la bonne société victorienne. Rossetti se console par ailleurs de la perte de son épouse dans les bras de Fanny Cornforth, une femme peu éduquée mais d'une grande sensualité, rencontrée quelques années avant son mariage. Cette dernière s'installe avec l'artiste, dont elle devient la gouvernante. Elle sera également le modèle de ses portraits les plus voluptueux, notamment *Bocca Baciata* (1869).

Mais depuis plusieurs années, Rossetti souffre de problèmes de vue et d'insomnies sévères que vient aggraver un penchant tardif pour la boisson et la consommation de drogues. Hypochondriaque, en proie à la paranoïa et ponctuellement suicidaire, il sombre définitivement dans la dépression en 1872. C'est à cette époque qu'il peint l'un de ses chefs-d'œuvre, *Proserpine* (1874).

UNE PASSION ATYPIQUE

Un jour, en visitant le zoo de Regent's Park, Rossetti se prend de passion pour les animaux exotiques, au point de transformer le vaste jardin de Chayne Walk en une véritable ménagerie. Il s'entoure de kangourous, de walibis, de tatous et de ratons laveurs, mais aussi d'une marmotte canadienne, d'une salamandre du Japon, d'un zébu et d'une chouette nommée Jessie. L'artiste se passionne plus particulièrement pour les wombats, des petits marsupiaux têtus et rebondis qui font le bonheur de son cercle artistique et littéraire : il prend l'habitude d'emmener son wombat, Top, dans ses dîners mondains, le faisant siéger au centre de la table. Empaillé par son maître, l'animal est exposé dans le hall de sa maison de Chelsea et apparaît à plusieurs reprises dans les dessins de Rossetti (*Mrs. Morris and the Wombat*, 1869, ou encore *Rossetti lamenting the Death of his Wombat*, 1869). Ce goût typiquement britannique pour l'exotisme australien peut sans doute s'interpréter comme une conséquence de la politique coloniale de la Grande-Bretagne. Mais il témoigne également, en ce qui concerne les Beaux-Arts, d'un intérêt accru pour l'observation de la nature et de ses merveilles, un principe au cœur de l'esthétique préraphaélite.

UNE RECONNAISSANCE TARDIVE

L'œuvre littéraire de l'artiste connaît une reconnaissance tardive. S'étant passionné très tôt pour la poésie de la Renaissance ita-lienne, et en particulier pour l'œuvre de Dante Alighieri (1265-1321), qui deviendra l'une de ses principales sources d'inspiration (en témoigne *Dantis Amor*, 1859-1860), il écrit dès les années 1840, participant notamment à la rédaction de la revue de la Confrérie, *The Germ*. Mais ce n'est qu'en 1870 qu'est publié son premier recueil de poèmes, sur les conseils de son agent Charles Augustus Howell, manipulateur et menteur compulsif. Le seul exemplaire existant de son carnet de poésie ayant été enfermé en 1862 dans le cercueil de sa femme, Rossetti fait secrètement exhumer le corps de la défunte Lizzie, reposant au cimetière de Highgate, pour accéder à ses précieux sonnets.

Quelque temps plus tard, temporairement arraché à la dépression par sa liaison supposée avec Jane Morris, muse préraphaélite et épouse du peintre William Morris, Rossetti s'adonne à nouveau à la poésie et publie un second recueil, *Ballads and Sonnets*, en 1881. Peu après, victime d'une attaque et profondément affaibli, il se retire dans son pavillon de Birchington-on-Sea, un petit village de la côte Nord, dans le Kent, où il meurt le 9 avril 1882.

CARACTÉRISTIQUES

UNE MODERNITÉ PUISANT AUX SOURCES DE L'ARCHAÏSME

L'œuvre de Rossetti, qui se fait l'écho des principes préraphaélites, se subdivise en deux principales périodes stylistiques.

Jusqu'à la fin des années 1850, l'artiste élabore et perfectionne un style archaïsant, directement inspiré de l'art du Moyen Âge. Mais cet historicisme (retour vers des styles historiques tels que les a définis l'histoire de l'art) va au-delà du pastiche et du simple plaisir d'imiter les maîtres du passé. Si les costumes, les éléments décoratifs et les sujets visent à recréer les époques anciennes, c'est avant tout pour en retrouver l'esprit et les valeurs. Ses aquarelles aux teintes lumineuses et claires ne se contentent pas d'illustrer un sujet, elles en révèlent toute la profondeur symbolique, comme en témoigne son *Mariage de saint Georges et de la princesse Sabra* (1857).

Prenant pour modèles les primitifs italiens et flamands, Rossetti se soucie avant tout de la sincérité du geste et du réalisme de la composition. Il privilégie une représentation fidèle et minutieuse de la nature, allant jusqu'à travailler en extérieur (une pratique qu'il abandonnera cependant rapidement, la jugeant stérile). On reprochera ainsi à son *Enfance de la Vierge Marie* (1849) de présenter les personnages de l'histoire sainte sous des traits trop humains, la mère et la sœur de l'artiste ayant inspiré les figures de sainte Anne et de la Vierge.

En somme, s'inspirant de procédés et de styles archaïques, il conçoit des œuvres aux sujets librement traités, et s'attache avant tout à traduire les sentiments et les événements dans toute leur vérité et leur puissance.

UNE PEINTURE ÉROTIQUE : LA FEMME, OBJET DE DÉSIR

Dès 1860, le mouvement préraphaélite adopte une nouvelle orientation esthétique, sous l'influence des écrits de John Ruskin, qui incite les artistes à dépasser le médiévisme et l'art des primitifs. Les peintres se tournent alors vers la tradition vénitienne, étudiant les fresques et les toiles de Titien (1488-1576), du Tintoret (1518-1594) et de Véronèse (1528-1588).

L'ÉCOLE VÉNITIENNE

Venise est à l'origine d'une tradition artistique originale nourrie, dès le XIVe siècle, de ses relations commerciales avec l'Orient et l'Empire byzantin. Important centre du gothique, elle diffuse au XVIe siècle une nouvelle conception de la couleur comme premier élément du tableau et renouvelle l'art du portrait.

Quant à Rossetti, déjà à partir de 1855, il utilise des couleurs plus chaudes, traitées en aplats, dans des œuvres puissantes et charnelles qui lui valent parfois le mépris de ses pairs. On lui reproche de céder à la sensualité au détriment de la valeur intellectuelle et morale. Malgré les critiques, dans les années 1860, ses sujets se font encore plus voluptueux. La plupart de ses tableaux sont alors consacrés à la figure de la femme, dont le modèle varie au gré de ses maîtresses. Sa peinture se veut érotique, exubérante et inspirée, à l'image de ses portraits de femmes, tels que la *Bocca Baciata* (1859) ou l'*Astarte Syriaca* (1875).

La femme, muse et idéal, est un sujet central dans la peinture préraphaélite de manière générale, au point que le qualificatif « préraphaélite » désigne aujourd'hui encore un type de beauté spécifique : un corps puissant et gracile, ainsi qu'un visage aux traits élégants et figés, auréolé d'une lourde chevelure. Dans l'œuvre de Rossetti, les figures féminines se distinguent par leur peau d'ivoire et leurs lèvres écarlates (*Veronica Veronese*, 1872), leur profil grec (*Proserpine*, 1874), leurs paupières tombant sur un regard lointain et leur crinière souvent rousse révélant un cou puissant (*Lady Lilith*, 1866-1868) – autant d'éléments qui leur donnent une dimension à la fois charnelle et mélancolique. S'affirme ainsi un type féminin proprement « rossettien » où l'abstraction se mêle à la réalité, autrement dit où les traits individuels des modèles de l'artiste sont recomposés pour créer une figure idéale et incarner l'essence de la femme. Rossetti annonce par là l'un des thèmes récurrents du symbolisme, celui de la femme fatale, à la fois objet d'un désir sensuel et figure aussi menaçante que fascinante.

LE SYMBOLISME

Le symbolisme désigne un mouvement littéraire et artistique de la fin du XIXe siècle qui se développe en opposition au positivisme scientifique et au naturalisme bourgeois. Les artistes symbolistes tentent de révéler une réalité invisible et confèrent à leurs œuvres une fonction essentiellement symbolique.

« THE BEST PICTURE IS A PAINTED POEM »

Peintre et poète, Rossetti n'a de cesse d'unir l'image au texte. Il conçoit des iconographies complexes en empruntant ses sujets à la poésie italienne de la Renaissance, à la légende du roi Arthur ou encore au théâtre de Shakespeare (1564-1616). Il s'inspire par exemple de *L'Enfer* de Dante Alighieri pour réaliser, en 1855, *Paolo et Francesca da Rimini*, une aquarelle illustrant le sort tragique de ces célèbres amants, et puise dans les cycles médiévaux pour concevoir, en 1857, sa *Demoiselle du saint Graal*.

Il trouve également dans la mythologie, la théologie et leurs symboles une importante source d'inspiration, développant un intérêt particulier pour la figure de la Vierge, à qui il consacre plusieurs tableaux et sonnets. Sous sa plume et son pinceau, sa muse, et souvent amante, prend les traits d'une héroïne légendaire ou d'une déesse antique, devenant par exemple Lilith, démon femelle et première femme d'Adam (*Lady Lilith*, 1866-1868) ou Proserpine, déesse des saisons (*Proserpine*, 1874).

L'artiste se plaît à concevoir des œuvres totales où le texte et la représentation picturale s'éclairent l'un l'autre. Ainsi, sur le cadre de *La Donna della Finestra* (1879), il grave une citation d'un texte de Dante accompagnée de sa traduction personnelle. Aussi ses tableaux lui inspirent-ils souvent des sonnets qui en expliquent les éléments symboliques. Rien d'étonnant donc à ce que, dès les années 1850, il se passionne pour l'art de l'enluminure et se consacre à de nombreuses illustrations et à la conception de couvertures.

L'union étroite du texte et de l'image qui fonde la particularité de l'art de Rossetti révèle la tension qui anime toute son œuvre : l'artiste nous invite à un va-et-vient perpétuel entre le plaisir des sens et l'appréhension intellectuelle.

ECCE ANCILLA DOMINI ! OU L'ANNONCIATION

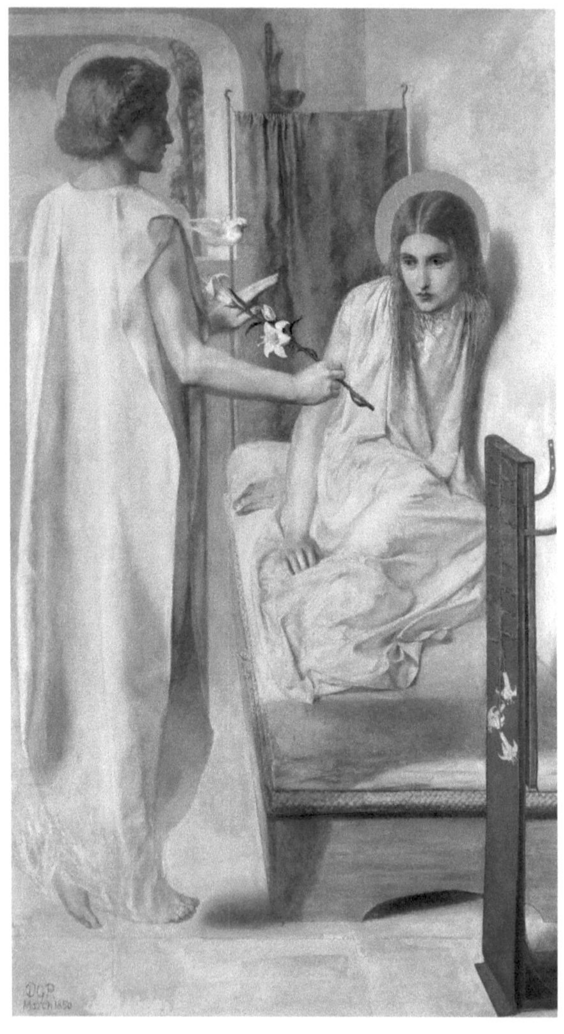

Ecce Ancilla Domini ! ou *L'Annonciation*, 1849-1850, huile sur toile, 73 x 42 cm, Londres, The Tate Gallery.

Cette toile, au cadrage serré et aux couleurs franches, reprend un thème traditionnel de la peinture occidentale : l'annonce faite à Marie de sa future maternité. L'archange Gabriel, figuré de trois quarts, s'élève à quelques centimètres du sol, simplement vêtu d'un manteau blanc. Il se tient aux pieds de Marie, jeune fille aux cheveux roux et au regard inquiet, prostrée sur son lit. Cherchant d'une main à l'apaiser, Gabriel lui tend de l'autre un lys blanc à trois fleurs, attribut traditionnel de la Vierge.

Les couleurs, à la palette réduite, résument à elles seules l'enjeu de la rencontre : le bleu céleste évoque la sainteté à venir de la mère de Dieu, tandis que le rouge charnel est le symbole de l'incarnation et du sang du Christ. Entre ces deux avenirs se tient Marie, apeurée et comme arrachée brutalement au sommeil.

Rossetti, tout en proposant une réinterprétation de ce fameux épisode biblique, utilise les codes iconographiques traditionnels : les couleurs, le triple lys, mais également le prie-Dieu, censé témoigner de la piété de la jeune fille. Il place la scène dans une cellule aux murs blancs empruntée aux fresques de Fra Angelico (vers 1400-1455), découvert par l'artiste lors de ses voyages à Paris et en Italie, et renoue par son traitement des drapés avec le naturalisme des premiers maîtres flamands. Mais l'œuvre est radicalement moderne et pose entre autres la question du choix et du libre arbitre : acculée dans une pièce sans perspective, face à la figure sévère et dominante de Gabriel, Marie se résigne, acceptant une volonté divine qui la dépasse.

Les éléments du sacré se font discrets : des nimbes, quelques flammes et la colombe du Saint-Esprit entrée par la fenêtre. Pourtant, l'inquiétude face à cette irruption du spirituel dans la vie quotidienne est palpable. Peut-être faut-il voir ici une réflexion de l'artiste sur la perte de spiritualité dans la société victorienne matérialiste ?

DÉCOR DE PEINTURES MURALES
POUR LA BIBLIOTHÈQUE DE L'OXFORD UNION

En 1857, Rossetti, entouré entre autres jeunes artistes de William Morris et d'Edward Burne-Jones, travaille tout un été durant à la réalisation du décor mural de la salle des débats de la bibliothèque de l'Oxford Union. Son ami, l'architecte Benjamin Woodward (1816-1861), qui conçoit le bâtiment, engage Rossetti et ses collaborateurs pour réaliser un ensemble de dix fresques illustrant *Le Morte d'Arthur* (« La mort d'Arthur », en moyen français), une compilation de romans arthuriens de Thomas Malory (1405-1471). Le projet enthousiasme beaucoup le groupe d'artistes qui échoue cependant à maîtriser la technique traditionnelle de la fresque, laquelle suppose que les pigments soient directement déposés sur un enduit humide. Ils laissent donc une œuvre inachevée et instable, qui commence presque immédiatement à se détériorer.

Chaque panneau peint, percé de fenêtres polylobées à la mode médiévale, est conçu comme une enluminure et reprend les principes de l'art de la première Renaissance. Le programme iconographique s'inspire du cycle arthurien et propose différentes illustrations de la vie légendaire du roi Arthur et de ses chevaliers. Parmi ces fresques, la plus célèbre est *La Vision de Sir Lancelot du saint Graal*, conçue par Rossetti lui-même, où la reine Guenièvre se dresse au centre de la composition pour présenter à Lancelot endormi le fruit défendu. Cette figure de femme tentatrice annonce les recherches ultérieures de l'artiste sur le thème de la femme fatale, objet de désir.

BOCCA BACIATA

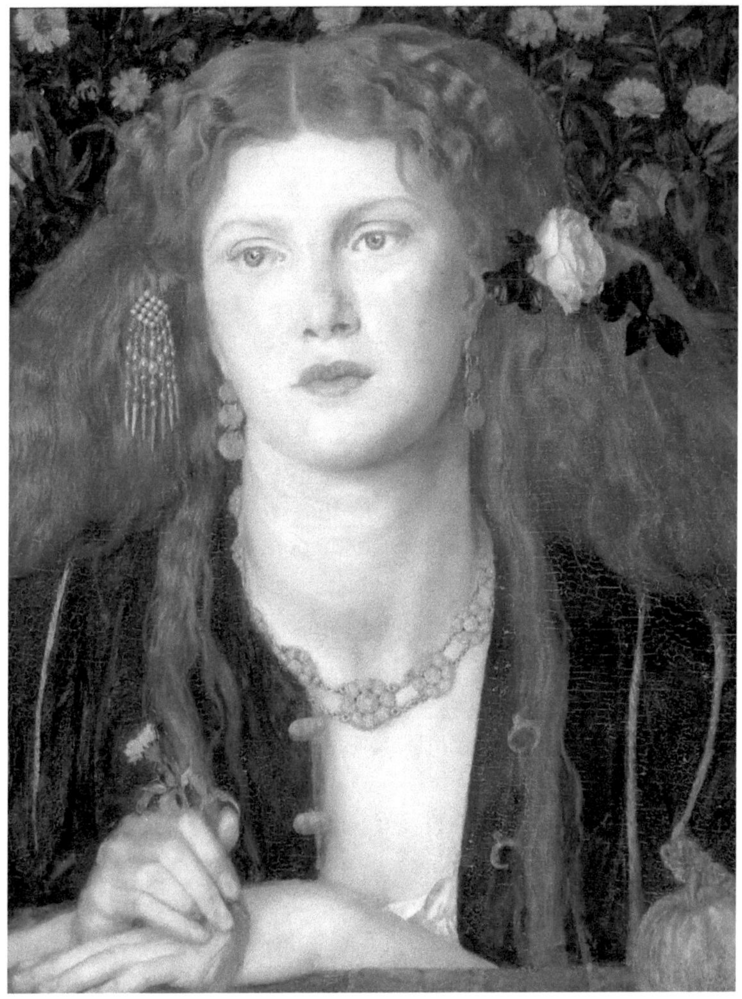

Bocca Baciata, 1859, huile sur panneau de bois, 32,2 x 27,1 cm, Boston, Museum of Fine Arts.

Sur un arrière-plan fermé à motifs de fleurs naturelles se détache la figure d'une jeune femme en buste, les mains croisées au premier plan, le regard projeté à l'extérieur du tableau. Cette composition s'inscrit dans la tradition du portrait nordique du XVᵉ siècle et confère à la figure une dimension monumentale. Son imposante chevelure rousse ainsi que la clarté de son visage et de son cou sont mises en valeur par les teintes sombres de ses vêtements, à la manière flamande, le tout rehaussé de quelques éléments décoratifs minutieusement peints.

Rossetti attache ici une grande attention au rendu de la chair, recréée par des touches de couleur allant du jaune au rose et du gris au vert, suivant une démarche impressionniste avant l'heure, inédite chez l'artiste. L'œuvre étonne par la chaleur de ses coloris empruntés aux maîtres de la peinture vénitienne, sur les conseils de John Ruskin.

Abandonnant le style historiciste et moral de ses premières œuvres, Rossetti exprime ici un intérêt nouveau pour la sensualité féminine : il s'intéresse à la femme tentatrice et objet de désir, et non plus seulement support de valeurs morales ou littéraires. Le titre du tableau, *Bocca Baciata*, « la bouche qui a été embrassée », emprunté à un vers du *Décaméron* de Boccace (1313-1375), recueil de nouvelles célèbre pour ses récits licencieux, exprime à lui seul cette nouvelle orientation. Ce portrait-icône se veut d'autant plus sulfureux qu'il prend pour modèle l'une des maîtresses de l'artiste, Fanny Cornforth, dont le désir est ici clairement affirmé.

L'IMPRESSIONNISME

L'impressionnisme est un mouvement artistique qui se développe dans les années 1870 autour de plusieurs grandes figures de la peinture française telles que Camille Pissarro (1830-1903), Alfred Sisley (1839-1899), Claude Monet (1840-1926) ou encore Pierre-Auguste Renoir (1841-1919). Ces artistes créent des œuvres où la subjectivité prend le pas sur le réalisme, tentant de reproduire sur leurs toiles des sensations éphémères, et où la couleur, appliquée en petites touches, supplante le dessin.

DANTIS AMOR

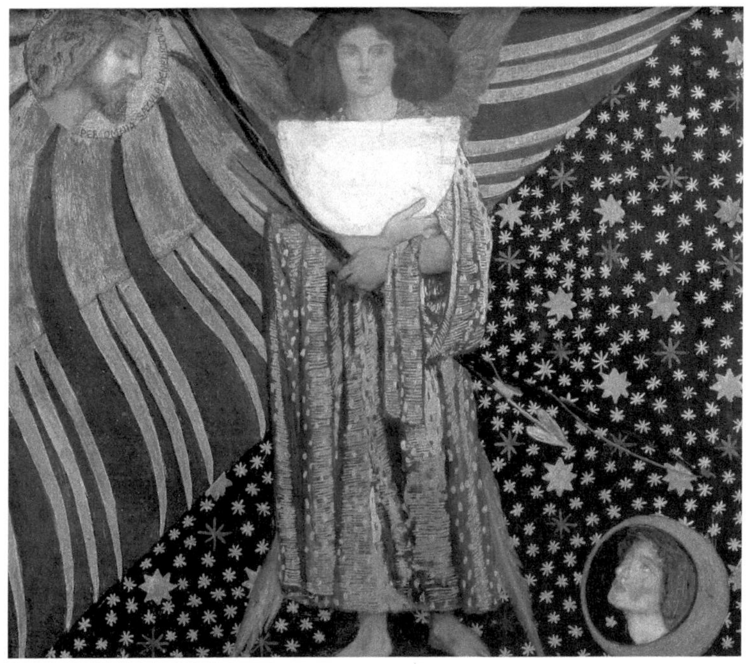

Dantis Amor, 1860, huile sur panneau de bois, 75 x 82 cm, Londres, The Tate Gallery.

Cette œuvre, destinée à orner un cabinet peint offert par Rossetti à son ami William Morris, prend pour thème la mort de Béatrice, jeune femme imaginaire ou réelle à qui Dante Alighieri voua toute sa vie un amour mystique. Grand connaisseur de l'œuvre et de la vie du poète italien, Rossetti ne cesse d'identifier ses propres passions amoureuses à celle du maître, représentant ici Béatrice sous les traits de sa propre épouse, Lizzie.

Rossetti place au centre de l'image une représentation allégorique de l'amour, figuré sous les traits d'un ange doté d'un arc et d'une flèche. Dans ses bras, un cadran solaire, inachevé, devait porter la mention de l'année et de l'heure de la mort de Béatrice. À l'arrière-plan, un fond décoratif est divisé en deux zones par une diagonale qui marque la frontière entre les mondes terrestre et céleste. Dans l'angle supérieur gauche, le Christ couronné est représenté sur un fond d'or, à l'intérieur d'un médaillon à partir duquel se diffusent des rayons lumineux stylisés. Dans l'angle inférieur droit apparaît, sur un fond de ciel étoilé et inscrite dans un croissant de lune, la figure de Béatrice qui lève les yeux vers la lumière divine qu'elle s'apprête à rejoindre.

Rossetti s'inscrit ici pleinement dans la tradition de l'art médiéval, aussi bien à travers la technique employée (la peinture sur panneau de bois) que par les codes iconographiques utilisés (les ailes rouges de l'ange et le recours à la feuille d'or pour figurer la vision céleste, notamment) ou encore en raison de la forte stylisation des figures et de l'absence de perspective. L'ensemble de ces règles et techniques est toutefois appliqué à un sujet profane : la mort de Béatrice, traduite ici par la représentation de l'élévation de l'âme de la jeune fille vers la lumière céleste. Rossetti construit ainsi une œuvre fortement symbolique qui se présente comme une vision allégorique dans laquelle l'Amour est en réalité le sujet central : il apparaît, en effet, comme la force motrice de l'univers et le principe qui lui donne sa cohérence. Par ailleurs, dans le croquis du même nom daté de 1860, l'artiste écrit, de manière transversale : « L'amor che muove il sole e l'altre stelle », soit « L'amour qui meut le soleil et les autres étoiles. »

PROSERPINE

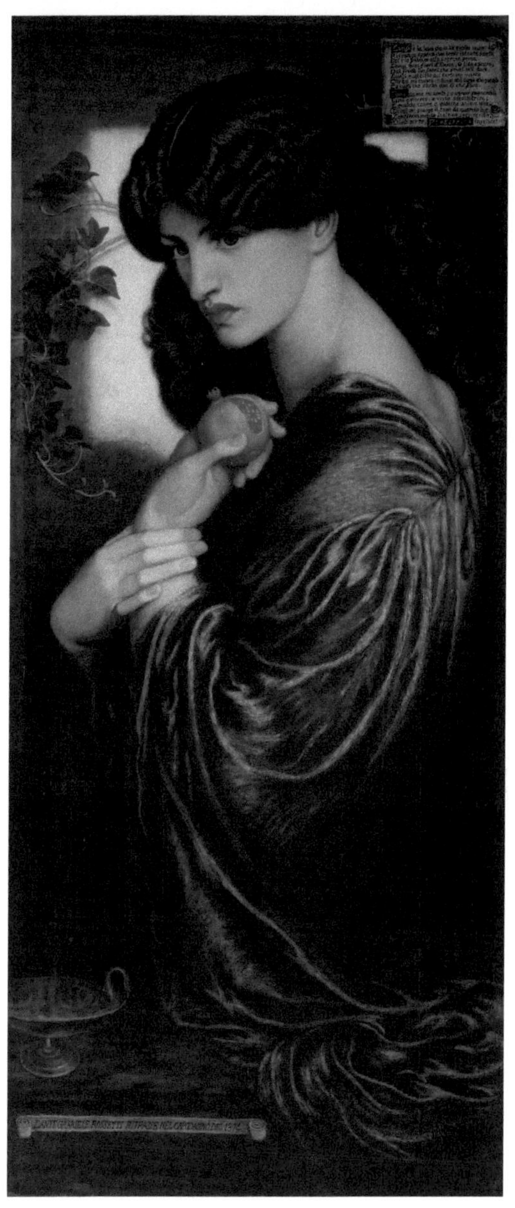

Proserpine, 1874, huile sur toile, 125,1 x 61 cm, Londres, The Tate Gallery.

Rossetti réalise huit versions différentes de ce tableau dont le sujet lui est probablement inspiré par son modèle, Jane Morris, épouse infortunée du peintre du même nom, qui devient sa muse durant la dernière partie de sa carrière.

Empruntant son thème à la mythologie gréco-romaine, Rossetti représente sa (supposée) amante sous les traits de Proserpine, déesse des saisons, enlevée par Pluton, dieu souverain des morts, pour régner à ses côtés sur le royaume des morts. Parce qu'elle a mangé une grenade dans le jardin des Enfers, Proserpine n'est autorisée à retrouver le monde d'en haut que pour six mois chaque année (correspondant aux mois du printemps et de l'été) ; les six autres mois (durant l'automne et l'hiver), elle regagne le monde souterrain.

Fidèle à son goût pour les iconographies complexes et les symboles, Rossetti place dans le tableau plusieurs éléments-clés qui en permettent la compréhension. L'encensoir, au premier plan, évoque la nature divine du personnage, dont la beauté et la sensualité éclairent le tableau. Le cadrage serré traduit quant à lui l'enfermement de la déesse, tandis que les coloris bleus et noirs ainsi que la branche de lierre en arrière-plan créent une atmosphère lugubre et hivernale. Projetant un cadre lumineux sur le mur, une fenêtre, placée à l'extérieur du tableau, semble s'être ouverte – et devoir bientôt se refermer – sur le monde d'en haut auquel la déesse doit renoncer chaque année.

La position des mains et le regard inquiet du personnage semblent indiquer que Rossetti choisit de représenter Proserpine à l'instant même où elle prend conscience des conséquences de son geste, celui d'avoir croqué dans le fruit défendu. Le manteau de soie bleue tombant de ses épaules, semblable à une rivière de larmes, prend alors une signification profondément mélancolique. Le destin tragique de la jeune femme est d'autant plus saisissant que la douce clarté de sa chair et l'éclat de ses lèvres rouges, voués à disparaître dans l'obscurité, sont incontestablement symboles de vie. Rossetti s'intéresse ici à un sujet traditionnel de la peinture occidentale pour en proposer une interprétation dramatique hautement symbolique et créer une figure de femme fatale (au sens étymologique du terme, le mot latin *fatalis* désignant un destin funeste) tout à fait dans la lignée des recherches esthétiques de la fin de sa vie.

DANTE GABRIEL ROSSETTI, UNE SOURCE D'INSPIRATION

Rejetés dans la première moitié du XXe siècle en raison de leur apparent passéisme, le préraphaélisme et l'art de Rossetti ne seront véritablement redécouverts que dans les années soixante. Toutefois, de leur vivant, les artistes préraphaélites accèdent rapidement à la célébrité en raison du renouveau artistique qu'ils représentent en regard de la tradition académique. Par ailleurs, membre fondateur charismatique de la Confrérie préraphaélite, Dante Gabriel Rossetti favorise également l'émergence d'une seconde génération d'artistes au sein du mouvement. Professeur, ami, mentor et collaborateur enthousiaste, il a une influence décisive sur deux personnalités majeures de l'art britannique : Edward Burne-Jones et William Morris.

Passionnés par la culture médiévale et les innovations esthétiques proposées par John Ruskin et le groupe des préraphaélites, les deux hommes se lient très tôt d'amitié. Ils font la connaissance de Rossetti au cours de l'année 1856, et c'est sur ses conseils que Burne-Jones décide de se consacrer à l'art de la peinture et de l'aquarelle. Travaillant ensemble sur plusieurs projets de décor et de mobilier, ils posent les bases de l'entreprise d'arts décoratifs fondée par Morris.

Le goût de Burne-Jones pour les atmosphères sensuelles et inquiétantes (*Le Funeste Destin accompli*, 1884-1885), ainsi que son intérêt grandissant pour le style de Michel-Ange (*La Roue de la Fortune*, 1883) le font cependant peu à peu s'éloigner des principes préraphaélites. À partir des années 1875-1880, il développe un style personnel qui s'inscrit dans le mouvement symboliste. Son art, qui allie l'imaginaire aux citations des maîtres anciens et à l'érudition, s'inspire de l'œuvre de Rossetti tout en exploitant une veine stylistique plus solennelle et monumentale.

William Morris, quant à lui, se destinait à l'architecture jusqu'à sa rencontre avec Rossetti, qui l'incite à s'orienter vers les arts décoratifs. Il travaille à la conception de tapisseries, de vitraux et d'éléments mobiliers (St George's Cabinet, 1861, Londres, The Red House) dans un style nettement médiéviste et ornemental. Artiste engagé politiquement et fidèle aux idéaux du préraphaélisme, il devient l'une des figures fondatrices de l'*Arts and Crafts*, un mouvement britannique de réhabilitation de l'artisanat et des techniques traditionnelles.

MORRIS & CO

Burne-Jones et Rossetti aident Morris à décorer la maison expérimentale que celui-ci crée avec l'architecte Philip Webb (1831-1915), The Red House. Ce mouvement pour un renouveau des arts décoratifs se concrétise ensuite par la création en 1861 de la firme Morris, Marshall, Faulkner & Co, par William Morris et avec l'aide de Ford Madox Brown, Charles Falkner, Burne-Jones, Philip Webb et Rossetti. Cette entreprise est vite reconnue pour la qualité artistique de ses vitraux ainsi que de ses papiers peints et textiles. Elle devient ultérieurement Morris & Co jusqu'à sa fermeture en 1940, mais les motifs de la firme continuent encore aujourd'hui de se vendre comme un fleuron du goût anglais.

EN RÉSUMÉ

- Dante Gabriel Rossetti, né en 1828 à Londres, est l'un des représentants majeurs du mouvement préraphaélite, qui entend renouveler la tradition académique anglaise par un retour à la nature et à l'art des primitifs médiévaux.

- Figure héroïsée du préraphaélisme, Rossetti séduit ses contemporains par la liberté de ses inventions et son univers fantasmagorique. Amant passionné, créateur audacieux, âme impatiente et mélancolique, il n'hésite pas à dépeindre ses passions et ses fantasmes tout en leur donnent une portée universelle. La manière de Rossetti résulte avant tout de la quête insatiable d'une nouveauté puisée aux sources les plus anciennes.

- L'œuvre de l'artiste se subdivise en deux périodes stylistiques. Jusqu'à la fin des années 1850, il s'inspire directement du Moyen Âge, cherchant à en retrouver l'esprit et les valeurs. Se souciant avant tout de la sincérité et du réalisme de ses compositions, il privilégie une représentation fidèle de la nature.

- À partir de 1855, utilisant des couleurs plus chaudes, Rossetti crée des œuvres puissantes et charnelles aux sujets de plus en plus voluptueux. La femme, dont le modèle varie au gré de ses maîtresses, devient son thème de prédilection. À la fois muse et idéal, elle se distingue par sa peau d'ivoire et ses lèvres écarlates, son profil grec, son regard lointain et sa chevelure souvent rousse, autant d'éléments qui donnent à ses figures une dimension érotique et mélancolique.

- Les œuvres de Rossetti se définissent également par leur lien étroit avec la littérature. Peintre et poète, Rossetti emprunte les sujets de ses toiles à la poésie italienne de la Renaissance, à la légende du roi Arthur ou encore au théâtre shakespearien.

La mythologie et la théologie constituent également une importante source d'inspiration pour l'artiste, qui fait preuve d'un intérêt particulier pour la figure de la Vierge.

POUR ALLER PLUS LOIN

SOURCES BIBLIOGRAPHIQUES

- BARANGER (Tim), *Reading the Pre-Raphaelites*, New Haven/ Londres, Yale University, 1998.
- DE CARS (Laurence), *Les Préraphaélites. Un modernisme à l'anglaise*, Paris, Gallimard, coll. « Découvertes Gallimard », 1999.
- PARRIS (Leslie) (dir.), *The Pre-Raphaelites*, Londres, The Tate Gallery, 1984.
- PRETTEJOHN (Elizabeth), *The Art of the Pre-Raphaelites*, Londres, The Tate Gallery, 2000.
- SURTEES (Virginia), *The Paintings and Drawings of Dante Gabriel Rossetti (1828-1882) -Catalogue raisonné*, 2 volumes, Oxford, Oxford University Press, 1971.
- « The complete writings and pictures of Dante Gabriel Rossetti. A hypermedia archive », sur http://www.rossettiarchive.org, consulté le 12/08/2014.

SOURCES ICONOGRAPHIQUES

- ROSSETTI (Dante Gabriel), *Bocca Baciata*, 1859, huile sur panneau de bois, 32,2 x 27,1 cm, Boston, Museum of Fine Arts. La photo reproduite est réputée libre de droits.
- ROSSETTI (Dante Gabriel), *Dantis Amor*, 1860, huile sur panneau de bois, 75 x 82 cm, Londres, The Tate Gallery. La photo reproduite est réputée libre de droits.
- ROSSETTI (Dante Gabriel), *Ecce Ancilla Domini !* ou *L'Annonciation*, 1849-1850, huile sur toile, 73 x 42 cm, Londres, The Tate Gallery. La photo reproduite est réputée libre de droits.

- ROSSETTI (Dante Gabriel), *Monna Vanna*, 1866, 88,9 x 86,4 cm, huile sur toile, Londres, The Tate Gallery. La photo reproduite est réputée libre de droits.
- ROSSETTI (Dante Gabriel), *Proserpine*, 1874, huile sur toile, 125,1 x 61 cm, Londres, The Tate Gallery. La photo reproduite est réputée libre de droits.

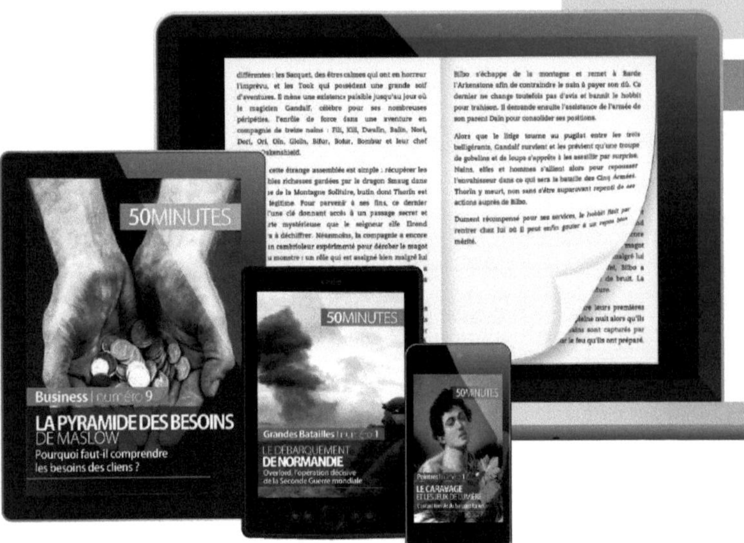

50MINUTES
Art
Business
Histoire

www.50minutes.com

Éditeur responsable : Lemaitre Publishing
Rue Lemaitre 4 | BE-5000 Namur
info@lemaitre-editions.com

ISBN ebook : 978-2-8062-5800-7
ISBN papier : 978-2-8062-5801-4
Dépôt légal : D/2014/12603-169
Photo de couverture : © *Monna Vanna*, par Dante Gabriel Rossetti, 1866.

Conception numérique : Primento,
le partenaire numérique des éditeurs